AF343323

L'ORIGINE

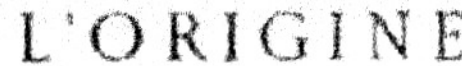

DE

GUILLAUME DE MARCILLAT

PEINTRE-VERRIER

(XVᵉ-XVIᵉ SIÈCLES).

Depuis longtemps l'origine du peintre verrier illustre
que l'on appelait d'habitude le frère Guillaume, cons-
titue un problème singulièrement attachant. Vasari [1]
avait fait connaître ce maître comme Français ; mais,
en le nommant tantôt *Marcilla*, tantôt *Marzilla*, il sem-
blait accorder à la ville de Marseille l'honneur de l'avoir

[1] Vasari, *Vie des plus célèbres peintres, sculpteurs et
architectes*.

vu naître. En 1839, le Dr G. Gaye (1), de Florence, publia deux documents authentiques qui parurent, d'emblée, apporter le jour le plus complet sur la question. Dans l'un, le frère Guillaume se dénomme ainsi : *Io Guillelmo de Piero de Marcillat ;* l'autre le qualifie : *Messer Guillelmo de Piero, francese, Priore di San Tibaldo, di San Michele diocesi di Verduno.* De là, on avait été amené à conclure que *Guillaume* était le prénom de l'artiste, *Pierre*, celui de son père, *Marcillat* ou *de Marcillat*, son nom de famille, *Saint-Thiébaut*, le titre d'un prieuré qu'il possédait en Toscane, et *Saint-Michel*, c'est-à-dire la ville de Saint-Mihiel, au diocèse de Verdun, le lieu de sa naissance. Telle fut, du moins, l'opinion du P. Marchese (2), adoptée aussi par MM. le vicomte H. Delaborde (3), L. Palustre (4), E. Meaume (5), E. Müntz (6), et d'autres encore.

Nous avons reproduit ces conclusions, si intéressantes pour la Lorraine, dans deux publications de

(1) G. Gaye, *Carteggio inedito di Artisti...*, vol. II, Appendice, pag. 449, in nota.

(2) P. Vincenzo Marchese, *Memorie dei più insigni pittori, scultori et architetti domenicani*, 2ᵉ éd., 1854, t. II, chap. 11.

(3) H. Delaborde, *De la peinture française et de son histoire*, dans la *Revue des Deux-Mondes*, 15 septembre 1854, p. 1124, note ; aussi *Etude sur les beaux-arts*, 1864, t. II, p. 24 et 25.

(4) L. Palustre, *De Paris à Sybaris*, Paris, 1868, *Introd.*, p. III ; aussi *Bull. monumental*, 1881, p. 662.

(5) E. Meaume, article dans l'*Intermédiaire* de 1879, col. 688.

(6) E. Müntz, *Raphaël*, 1881, p. 113 ; aussi *A travers la Toscane*, dans le *Tour du Monde*, 1883, p. 269.

cette province (1) ; mais nous avions annoncé l'inten-
tion de revenir sur le même sujet à propos de la décou-
verte du testament du frère Guillaume. Ce précieux
document a été retrouvé dans les Archives d'Etat à
Florence, et publié pour la première fois en 1859 (2) ;
nous en devons la connaissance à M. Müntz, l'éminent
conservateur de l'Ecole des Beaux-Arts, qui en a parlé
le premier en France, et il nous avait été offert de le
réimprimer, avec commentaires, dans la *Revue de l'Art
français;* toutefois, nous avons préféré en laisser le
soin, comme celui d'y joindre une traduction et des
notes à MM. Henry Jouin et Anatole de Montaiglon,
qui se sont acquittés de cette tâche bien mieux que
nous n'aurions pu le faire nous-même (3).

Nous serions entraîné beaucoup trop loin si nous
voulions parler des différentes stipulations de ce testament, qui est fort étendu ; on le trouvera facilement
dans la *Revue* que nous avons nommée, et déjà nous
avons rappelé, d'après M. Müntz, quelques-uns des
legs les plus intéressants que l'on y remarque. Tout ce
qui importe, pour la recherche de l'origine du frère
Guillaume, ce sont ses nom et qualifications, savoir :
*Venerabilis vir dominus Guillielmus Petri de Marcilat,
de la Seiatra, de Gallia, Bituricensis diocesis, habitator*

---

(1) *Du lieu de naissance du Frère Guillaume...,* extr. du
Journal de la Société d'Archéologie lorraine, 1883; *Guillaume de Marcillat...,* extr., avec additions, du *Nancy-Artiste,*
1885.

(2) Carlo Milanesi, *Giornale storico degli archivi toscani,*
tome III.

(3) *Revue de l'art français,* 1886, p. 49.

Aretii ; ce que les deux auteurs cités traduisent ainsi :
« Maître Guillaume, vénérable personne, fils de Pierre
de Marcillat, de la Châtre (1), en France, diocèse de
Bourges, habitant d'Arezzo. »

La contradiction de ce texte avec l'opinion du P.
Marchese a embarrassé plusieurs critiques. Malgré la
copie qu'il avait du testament, M. Müntz persistait à
croire le frère Guillaume natif de Saint-Mihiel. On pou-
vait admettre, en effet, que les parents de l'artiste
étaient, dans des circonstances inconnues, venus de la
Châtre s'établir à Saint-Mihiel, où leur fils aurait reçu
le jour ; puis, — leur résidence dans la capitale du Bar-
rois non-mouvant terminée avant la rédaction du testament du frère Guillaume, — celui-ci, n'ayant plus d'atta-
ches en Lorraine, se serait borné à y mentionner le lieu
d'origine de sa famille.

M. Carlo Milanesi émit un avis différent, considérant
uniquement que le testament devait avoir plus d'auto-
rité que la pièce publiée par le Dr Gaye. Voici comment
il s'exprimait, après avoir parlé de ce dernier acte :

« Da quei documenti si'viene a sapere che il nostro
Guglielmo era figlinolo di un Pietro, che il suo cognome
fu *de Marcillat*, la patria sua, il castello di San Michele
(sulla Mosa) nelli diocesi di Verdun in Francia. Il testa-
mento che qui pubblichiamo conferma, quanto al cognome e al nome del padre di Fra Guglielmo, ciò che
dicono, à documenti aretini ; ma discorda in quanto

(1) Une localité, du nom de *Marcillat*, est chef-lieu de
canton dans le département de l'Allier, arr. de Montluçon.
On trouve aussi *Marcilly* dans le Cher, arr. de Sancerre,
canton de Saucergues. Citons enfin *Marcillé*, arr. et canton
de Mayenne, Maine-et-Loire.

alla patria, perciocchè il presente documento lo dice di Chârtres (*lisez* : La Châtre), nella diocesi di Burges. Nel che ci sembra docercene stare al nostro documento ; anziche a quelli dal Gaye pubblicati, perchè questo, come alto più solemne ; è di maggiore autorità (1) . »

Tout cela n'était que considérations hypothétiques, MM. Jouin et de Montaiglon nous paraissent avoir avancé singulièrement la question en examinant de plus près les divers éléments dont elle se compose et en recherchant si le prieuré de Saint-Thiébaut existait réellement, comme le disait le P. Marchese, en Toscane. Rien ne prouve, en effet, que, dans l'expression *Prieur de Saint-Thiébaut*, ce dernier nom désigne le lieu de naissance du prieur, plutôt que la situation géographique du prieuré. M. H. Jouin a donc sagement fait ses réserves dans une note particulière. Dans une autre, M. A. de Montaiglon s'exprime ainsi :

« Il est parlé plus haut du Bref de Jules II, daté de 1509 et autorisant *Marcillat* à quitter l'Ordre des Frères Prêcheurs. Or, la seule restriction faite à la grâce accordée à l'artiste est la défense formelle de la nomination à un Bénéfice ; et, en 1521, il est appelé « Priore » di S. Teobalde di Santo Michele, diocesi de Verduno » in Francia. » C'est ce qui doit faire penser que, s'il avait encore ce prieuré en 1521, il en avait été investi avant 1509 et même avant qu'il n'eût quitté la France pour s'établir en Italie. Peut-être, en 1521, n'était-ce plus qu'un titre nu, le rappel d'une distinction possédée autrefois et passée en d'autres mains. C'est aux erudits

(1) Carlo Milanesi, *ibid.*

lorrains, avec les ressources de leurs archives provin-
ciales, à préciser l'existence et le lieu du prieuré de Saint-
Thibaud, à ou près de Saint-Mihiel, de quel collateur il
dépendait et, s'il était possible, en quelle année *Guillaume* en fut pourvu, et à quelle date il eut un succes-
seur. En tout cas, la possession d'un Bénéfice sans
autre preuve ne comporte pas la nationalité de son titu-
laire, et, bien que la Lorraine ait été de tout temps
célèbre par ses peintres verriers, la mention ci-dessus
laisse encore tout à fait incertain le pays d'origine de
Guillaume de Marcillat (1). »

Nous-même avions, de prime abord, été frappé du
rapprochement de ces deux noms *Saint-Thiébaut* et
Saint-Mihiel, sachant, pour avoir habité cette ville,
qu'un prieuré du nom cité y avait existé. Mais le P.
Marchese, dans son savant ouvrage (que nous n'avions
plus à notre disposition, à cause de l'expulsion des Do-
minicains), n'avait-il pas dit que le bénéfice du frère
Guillaume était situé en Toscane, et quelle apparence
y avait-il qu'un jeune Frère-Prêcheur eût reçu en
commende un prieuré bénédictin dépendant de la riche
abbaye de Saint-Mihiel? Nous aurions cependant
suivi notre premier mouvement, et, tout au moins,
signalé ce rapprochement, si nous avions osé aller à
l'encontre des autorités si distinguées qui s'étaient pro-
noncées avant nous.

Nous savons malheureusement bien peu de chose sur
ce prieuré de Saint-Thiébaut. Dans l'*Histoire de l'.. abbaye de Saint-Mihiel* par Dom de l'Isle (1757), nous ne

(1) Note de M. A. de Montaiglon, *Revue de l'Art français*,
1886, p. 87.

trouvons même pas son nom à la table des matières.
M. Dumont, dans l'*Histoire de la ville de Saint-Mihiel* (t. III, 1861, p. 13, cf. IV, 243), nous apprend
qu'il existait dès 1135, dépendant de l'abbaye. « La
possession de ce bénéfice était à vie, au moins dans les
derniers temps, et à la volonté du couvent. Il était...
entre les mains de Claude Dagny, qui, on ne sait comment, l'avait en commende au mois d'avril 1598, lorsque le Cardinal Charles (de Lorraine) se le fit céder. »
Le cardinal ne tarda pas à installer, dans ce couvent,
des Minimes, qui le possédèrent jusqu'à la Révolution.
Les bâtiments, reconstruits apparemment dans la seconde partie du XVIIe siècle, après les ravages de la
guerre de Trente-ans, sont aujourd'hui une maison de
ferme ; on les appelle encore *les Minimes*, et le faubourg,
à l'est de la ville, où ils sont situés, porte toujours le
nom de *Saint-Thiébaut*.

Il serait fort à désirer que des recherches fussent
faites dans les Archives de la Meuse par leur zélé conservateur, afin d'arriver à reconstituer, sinon toute
l'histoire, du moins la liste des derniers prieurs de
Saint-Thiébaut (1).

---

(1) Voici la liste des prieurs de Saint-Thiébaut dont
M. Jacob a pu retrouver les noms : 1423, Frère Bertrand
Martisson ; 1475, Nicolle H...; 1484, messire Bertrand de
Martizon ; 1485, Frère Didier Tarterat, dit Vincent ; 1500,
Demange Bidal ; 1502 et 1510, Humbert de Failly ; 1534,
Symon Cumin, prévôt de la Magdelaine de Verdun, archidiacre de la Woëpvre, prieur commendataire ; 1563, Nicolle
Cumin ; 1581 et 1598, Claude Dagui, dernier prieur.

MM. H. Jouin et A. de Montaiglon ont publié, dans la *Revue de l'art français* (nᵒˢ de mars et avril 1886), de très intéressants documents sur Marcillat : ils poursuivent leurs investigations, et nous ne doutons pas qu'ils n'arrivent à faire des découvertes importantes. Nous tenons nous-même, de l'extrême obligeance de M. E. Müntz, d'intéressantes descriptions de vitraux peints par cet artiste et de curieux extraits de comptes. D'autres personnes encore se sont récemment occupées de Marcillat. Le procès-verbal de la séance tenue le 2 décembre dernier par la Société des Lettres de Bar-le-Duc mentionne, de M. Maxe-Werly, l'envoi d' « une notice sur deux vitraux du xviᵉ siècle par Guillaume Marcillat ». Cette communication a, sans doute, un rapport avec cet extrait du procès-verbal de la séance de la Société nationale des Antiquaires de France, du 18 novembre précédent : « M. Saglio fait circuler des photographies de verrières peintes de Guillaume Marcillat (xviᵉ siècle), dont la vente aura lieu à Paris. » Nous croyons qu'il s'agit de l'Adoration des Mages, qui était déposée autrefois au Musée national de Florence, et dont l'acquisition a été proposée au Musée des Arts décoratifs.

Le procès-verbal de la séance antérieure (11 novembre 1885) rappelle une autre information fort intéressante donnée par M. Müntz et relative à la sépulture du célèbre artiste : « M. Eug. Müntz annonce que, lors d'un récent voyage en Toscane, il a retrouvé, grâce à des documents inédits, communiqués par dom Basanini, le lieu de sépulture du plus habile des peintres verriers du xviᵉ siècle, Guillaume Marcillat, le maître de Georges Vasari. Notre illustre compatriote, dont l'existence fut partagée entre la France et l'Italie, est enterré sur une des plus hautes cimes des Apennins, dans l'*Eremo* dépendant de l'antique couvent des Camaldules (1). »

Voici un précieux extrait de ces documents, que M. Müntz nous a fait l'honneur de nous transmettre :

« Duo Gulielmo Petri Marcillat, qui vocatur Prete francese dal vetro — fuerat autem ordinis prædicatorum professus Nivernen(sis) brevi atque auctoritate Julii papæ II translatus anno 1520 in ordinem canonicorum regularium S. Augustini. Sepultus est in eremo prope capitulum occidentem versus, in vestibulo ubi cappella Stum Rosarii postea dicata est (2). »

« Ce document », veut bien nous écrire M. Müntz, « que j'ai rapporté l'année dernière des Camaldules, se trouve dans un registre qui m'a été communiqué par dom Basanini. Je n'ai pu le copier intégralement..., mais le reste de la pièce ne contient que des formules sans grand intérêt. — Vous remarquerez une erreur de date dans le document : Jules II n'a pu signer en 1520

(1) « Il portait une affection toute particulière aux Ermites Camaldules, qui sont à vingt milles d'Arezzo, dans la gorge des Apennins ; il leur légua son corps et ses biens. » (Vasari, cité par M. H. Jouin, *Revue*, p. 52.) Le testament confirme ces faits.

(2) « Le bref de Jules II, daté du 19 octobre 1509, par lequel le Pape relève l'artiste de ses vœux et l'autorise, — en reconnaissance du mérite dont il vient de faire preuve dans la décoration du Vatican, — à vivre de la vie séculière, qualifie *Marcillat* de Religieux Dominicain du couvent de Nevers. » (H. Jouin. *ibid.*, p. 50.)

le bref destiné à Marcillat, vu qu'en 1513 il n'était déjà plus de ce monde ; il vous sera facile, à l'aide de l'ouvrage du P. Marchese, de corriger cette erreur. — Marcillat est enterré, non au couvent des Camaldules, mais dans l'ermitage (l'*Eremo*) situé à une demi-lieue plus haut, sur une des cimes des Apennins. Cet ermitage se compose de constructions assez importantes ; interrogé par moi, le religieux qui me servait de guide déclara ne rien savoir du lieu de sépulture de Marcillat. La tombe aura disparu lors d'un des remaniements du XVIIe ou du XVIIIe siècle. »

Nous avons pensé qu'il serait utile de tenir nos confrères lorrains au courant des découvertes récemment faites sur Guillaume de Marcillat ; mais actuellement c'est principalement sur le prieuré de Saint-Thiébaut, à Saint-Mihiel, que nous appelons leur attention.

Nancy, 17 juin 1886.

Léon GERMAIN.

Nancy, Imp. de G. CRÉPIN-LEBLOND, Grande-Rue, 14.